coleção ◖ ◗ primeiros
245 ◖ ◗ ◖ ◗ passos

Alcides Pedro Sabbi

O QUE É
FMI

editora brasiliense

Copyright © by Alcides Pedro Sabbi, 1991

Nenhuma parte desta publicação pode ser gravada, armazenada em sistemas eletrônicos, fotocopiada, reproduzida por meios mecânicos ou outros quaisquer sem autorização prévia da editora.

ISBN: 85-11-01245-1
1ª edição, 1991
3ª reimpressão, 2004

Preparação de originais: Irene Hikish e Rosemary C. Machado
Revisão: Rosemary C. Machado e Carmem T. S. Costa
Capa: Eduardo Baptistão

Dados Internacionais de Catalogação na Publicação (CIP)
(Câmara Brasileira do Livro, SP, Brasil)

Sabbi, Alcides Pedro, 1935-
O que é FMI / Alcides Pedro Sabbi. – São Paulo : Brasiliense, 2004. – (Coleção primeiros passos, 245)

3ª reimpr. da 1ª ed. de 1991.
ISBN 85-11-01245-1

1. Fundo Monetário Internacional I. Título.
II. Série.

04-3327 CDD-332.152

Índices para catálogo sistemático:
1. Fundo Monetário Internacional 332.152

editora brasiliense s.a.
Rua Airi, 22 - Tatuapé - CEP 03310-010 - São Paulo - SP
Fone/Fax: (0xx11) 6198-1488
E-mail: brasilienseedit@uol.com.br
www.editorabrasiliense.com.br

livraria brasiliense s.a.
Rua Emília Marengo, 216 - Tatuapé - CEP 03336-000 - São Paulo - SP
Fone/Fax (0xx11) 6675-0188

SUMÁRIO

Introdução	7
O que é FMI	10
Os programas do FMI	31
O FMI e o Banco Mundial	51
O FMI e o Banco Mundial no banco dos réus	60
Indicações para leitura	77

INTRODUÇÃO

No dia 7 de setembro de 1990 o Brasil acertou mais um empréstimo *stand by*, ou condicional, com o FMI, desta vez de US$ 2 bilhões.

Mas o que é o FMI e quais as conseqüências para uma nação em desenvolvimento que toma empréstimo *stand by* junto a ele?

O FMI, Fundo Monetário Internacional, também conhecido como "o Fundo", é sem dúvida o personagem mais importante e famoso nesse *imbroglio* que é a dívida do Terceiro Mundo. Integra-se ao "Sistema das Nações Unidas". A questão está em verificar, porém, se tal organismo observa os princípios em nome dos quais foi instituído e se, na sua vinculação com a ONU, serve à média dos interesses das nações a ela filiadas.

Com essa observação, estou me situando no ponto de vista dos povos endividados, que sofrem as conseqüências políticas econômicas impostas pela entidade em pauta.

Podemos averiguar isso no contexto da dívida externa do Terceiro Mundo, feita a pretexto de gerar o desenvolvimento dessas nações, mas que, ao contrário, aprofundou o seu desenvolvimento, sucateando suas economias e condenando-as a viverem perpetuamente na pobreza e no atraso tecnológico, na dependência sempre maior dos países ricos.

E a ordem econômica da qual o FMI é instrumento fora constituída com o propósito de reduzir, e não de aumentar geometricamente, os desníveis existentes.

Meu objetivo não é dissertar sobre a dívida externa. Mas não posso deixar de mencioná-la, porque é justamente por causa dela que se discute o FMI, o maior organismo financeiro dentre os que a manejam.

O pano de fundo mais amplo, onde atua o FMI e se desenvolve a própria dívida, vai ser, neste livro, a ordem econômica internacional dominante, que vem a ser o próprio sistema capitalista. Em tal ordem econômica destaca-se um país que, detendo o poder de voto e de veto nas decisões mais importantes do Fundo, exerce hegemonia absoluta sobre os demais.

Não basta, porém, analisar o FMI como instrumento de hegemonia de um país. É preciso examiná-lo também como instrumento de domínio de um sistema econômico no qual umas poucas nações, a princípio à sombra dos EUA, depois em conjunto com eles, dominam as demais nações-sócias do organismo, de modo que, na prática, estas têm pouco ou nenhum poder de decisão.

O QUE É FMI

O Fundo Monetário Internacional — FMI é um dos três organismos dominantes na ordem econômica internacional surgida no pós-guerra.

Os outros dois são o Banco Internacional de Reconstrução e Desenvolvimento — BIRD, mais conhecido como Banco Mundial e também como "o Banco" ou BM, e o Acordo Geral de Tarifas Alfandegárias e Comércio — GATT.

Inicialmente tais organismos foram vinculados ao "Sistema das Nações Unidas" (ONU), o que faz supor o FMI como uma instituição que representa os interesses de todas as nações filiadas à ONU. Uma instituição, pois, supranacional, isenta e democrática, não ligada aos interesses particulares desta ou daquela nação. Mas isso não ocorreu.

Como surgiu o FMI

As bases do FMI foram definidas na Conferência Financeira e Monetária Internacional realizada em Bretton Woods, Estado de New Hampshire, Estados Unidos, em julho de 1944, como resultado de negociações iniciadas em 1941 entre esse país e a Grã-Bretanha, visando a estruturar uma nova ordem econômica para o pós-guerra.

Com o fim da Segunda Guerra Mundial, era preciso reconstruir a ordem econômica, já abalada em conseqüência da Primeira Guerra Mundial. E para isso chegaram a Bretton Woods duas posições em confronto: a do Plano Keynes, proposto pela Grã-Bretanha, que vinha perdendo para os EUA a hegemonia mundial, e cuja delegação era chefiada pelo economista John Maynard Keynes, então assessor do Ministério da Fazenda daquele país; e a do Plano White, defendido pelos EUA na voz de Harry Dexter White, técnico do Tesouro norte-americano.

Keynes, cuja idéia era formar "um mundo só", para evitar novas guerras, propunha a criação de uma União para Compensações Internacionais. Dotada com o capital de US$ 25 bilhões, funcionava como um Banco Central Mundial, regulador dos bancos centrais nacionais. Deveria ser capaz de gerar recursos e créditos de apoio suficientes para o intercâmbio do comércio mundial.

Como moeda internacional, ou supranacional, Keynes sugeria o "bancor", que seria sacado para cobrir desequilíbrios nas balanças de pagamento, mas de modo que não se concedessem empréstimos excessivos. Os países com superávits deveriam fazer depósitos nessa moeda, gerando créditos para as nações deficitárias, com a divisão eqüitativa dos custos (pagamentos de juros tanto sobre saques quanto sobre superávits elevados).

Nesse sistema o Banco Central Mundial não teria ingerência desmedida na economia interna dos países devedores: cada país negociaria dólares com suas próprias moedas e os países mais pobres teriam apoio para suportar as crises econômicas e a queda nos preços de seus produtos no mercado internacional.

White, por sua vez, propôs um "Fundo de Estabilização"; não "uma máquina para criar crédito", como queria Keynes, mas uma espécie de agência para "distribuir dinheiro", dotada de uma moeda internacional, a "unitas".

Os norte-americanos, argumentando principalmente que, na proposta inglesa, as nações deficitárias se apropriariam das reservas dos Estados Unidos, fizeram prevalecer, no essencial, o Plano White. Foi criado o Fundo Monetário Internacional, mas com o capital de apenas US$ 8,8 bilhões, insuficientes para controlar o comércio internacional e assegurar o equilíbrio financeiro entre os países-membros.

Em lugar do "bancor" e da "unitas" ficou estabelecido, como moeda-padrão do comércio mundial, o dólar — moeda nacional que os países-membros passaram a usar como moeda internacional, inclusive na compra e venda de ouro, os países deficitários suportando os custos dos ajustes nas balanças de pagamento. Isso obviamente garantiu a ingerência do

Fundo nas economias internas das nações devedoras.

Além do mais, o Fundo adotou o voto com maioria de 85% para as decisões mais importantes, como as relativas às suas operações, à alteração dos seus Estatutos e às reservas de ouro. Os EUA reservaram-se 20% dos votos, garantindo mais do que uma poderosa influência nas decisões do Fundo — o poder de veto e, conseqüentemente, o seu predomínio absoluto dentro da ordem econômica internacional que se constituía.

A sede do FMI foi fixada em Washington, contra o pensamento de Keynes que a queria em Londres, ou mesmo em Nova York.

São atualmente membros do FMI 152 países, ou seja, a maioria dos países do globo. Não o integram ainda uma minoria de nações: a Suíça, a Coréia do Norte e países do Conselho para a Cooperação Econômica Mútua — COMECON do bloco socialista liderado pela URSS, que inclui Polônia, Tchecoslováquia, Hungria, Romênia, Bulgária, Mongólia e Vietnã. Com a abertura dos países comunistas à economia de mercado capitalista, entretanto, tendem também eles a ingressar no Fundo.

As funções do FMI

Na ordem econômica o FMI recebeu basicamente a função de promover a estabilidade cambial no comércio entre os países-membros. Estabilidade cambial significa o equilíbrio na conversão do valor da moeda de um país para o valor equivalente da moeda de outro país. Essa estabilidade foi sustentada, de 1870 ao início da Primeira Guerra Mundial, pelo padrão-ouro, respaldado pela Inglaterra. O ouro servia como meio de pagamento no comércio internacional e o poder de compra dos países era baseado no volume de ouro que possuíam.

Com a estabilidade cambial, o FMI promoveria também a estabilidade financeira, isto é, o equilíbrio na balança de pagamentos, ou balança comercial, entre os países-sócios. Essa balança é a relação entre importações e exportações, na qual se apura o saldo favorável (superávit) ou desfavorável (déficit) de um país no comércio internacional.

O Fundo fomentaria ainda a cooperação econômico-financeira entre as nações, vale dizer, a saúde das finanças e do comércio internacional. Objetivo importante porque o comércio internacional vinha sendo prejudicado, no período entre guerras, por práticas protecionistas. A taxação alfandegária encarecia os produtos estrangeiros, dificultando ou impedindo a sua importação, e a concessão de subsídios aos produtos nacionais destinados à exportação tornava-os mais baratos que os similares estrangeiros.

Cabia também ao Fundo Monetário Internacional prover o aumento dos níveis de emprego e de renda, assim como melhorar a qualidade de vida das populações dos países-sócios. Em suma, proporcionar condições financeiras para o restabelecimento e a manutenção do comércio regular entre os países, além de orientar, superintender e controlar o sistema monetário internacional. Subordinando-se sempre às orientações do Conselho Econômico e Social da ONU, sujeitas essas condições financeiras à aprovação da sua Assembléia Geral.

Países-sócios com dificuldades nas balanças de pagamento, isto é, endividados ou inadimplentes perante os bancos internacionais, seja quanto à amortização dos empréstimos, seja quanto ao pagamento dos juros, deveriam recorrer ao Fundo, que os socorreria concedendo-lhes empréstimos, proporcionais às suas quotas e a taxas mais baixas que as cobradas pelos bancos privados.

Os recursos e os empréstimos do FMI

Os recursos do FMI provêm primariamente das quotas subscritas (25% em ouro, e os 75% restantes em moeda corrente do país associado) pelos Estados-membros. Secundariamente, dos empréstimos governamentais dos países ricos, inclusive os da Organização dos Países Exportadores de Petróleo — OPEP, ou mesmo dos empréstimos tomados junto ao sistema financeiro privado. Acrescentem-se como fontes dos recursos do Fundo a venda dos estoques de ouro dos países ricos e os Direitos Especiais de Saque — DES.

Os DES são as próprias quotas dos sócios do Fundo, assim chamados e contabilizados a partir de 1969, quando passaram a constituir a moeda do Fundo. Valiam então, aproximadamente, um dólar, resultante da média do valor cambial das cinco moedas mais fortes: o dólar americano, a libra inglesa, o marco alemão, o franco francês e o iene japonês.

A assistência financeira do FMI aos países-sócios é proporcional à quota de cada um. Começa com linhas diversificadas de serviços (empréstimos ou crédito), principalmente na compra e recompra de moedas para apoiar as balanças de pagamento em dificuldade. Tais créditos, condicionados a políticas de ajuste das economias, evoluem de acordo com as crises da ordem econômica mundial.

Dentre os empréstimos do Fundo há os de natureza comum, já autorizados nos estatutos, e por isso de saque ou utilização automática, e os chamados *stand by*, cuja aprovação depende da submissão do tomador à política econômica do Fundo — traduzida nos seus programas de recuperação econômica, ou "programas de ajuste" — e sob seu rigoroso controle. O empréstimo *stand by* é precedido de visitas de uma "Missão do FMI" ao país tomador e seguido de visitas regulares de fiscalização de representante do Fundo.

Os créditos comuns são compostos de quatro linhas, chamadas "suaves": uma parcela-reserva, correspondente a 25% da quota de cada país-membro, depositada no Fundo; mais uma parcela de crédito de 25% da mesma quota; e dois financiamentos, cada um limitado a 50% da quota — um para compensar a queda repentina e temporária das receitas de exportações, ou a elevação súbita dos custos das importações de cereais, e outro para formar estoques reguladores com o fim de estabilizar os preços dos produtos primários.

Com as linhas condicionais de créditos, também conhecidas como "linhas pesadas", que são em número de três (parcelas superiores de crédito, financiamento ampliado e suplementar), os créditos do Fundo podem chegar a 775% da quota de cada país-sócio.

Quanto mais rico o país e maior a sua participação no capital do FMI, maiores o volume de seu crédito comum e sua chance de não precisar das linhas de crédito condicionais. É o caso dos EUA e da França, que nunca necessitaram de créditos condicionais e, conseqüentemente, de submeter-se à política econômica imposta pelo Fundo.

Por sua própria constituição, pois, o FMI beneficia os países já desenvolvidos, seja canalizando para eles a maior parte de seus recursos — numa proporção de quase dois terços até 1960 —, seja possibilitando-lhes o acesso à maior parte desses créditos sem se submeterem à interferência do Fundo nas suas políticas econômicas. Sucede o contrário com os países subdesenvolvidos, aos quais cabe menor volume de créditos, a maior parte deles condicionados ao controle do FMI.

Quanto aos empréstimos mundiais, o FMI veio diminuindo progressivamente a sua participação, em relação aos bancos privados. Basta ver que, nas importações mundiais, o capital do Fundo desceu de 10% em 1966, para 4% dez anos depois. E só financiou 7% dos déficits anuais mundiais — que de US$ 15 bilhões entre 1970-1973 passou para US$ 75 bilhões entre 1970-1976 —, contra 75% financiados pelos bancos privados e 18% pelo Banco Mundial. A participação dos bancos privados em tais financiamentos aumentou de 17% em 1970, quando a dívida do Terceiro Mundo era de US$ 70 bilhões, para 40% em 1977, quando a dívida passara para US$ 300 bilhões.

O desvio das funções do FMI

Os países em desenvolvimento, em conseqüência, passaram a dever proporcionalmente mais aos bancos internacionais privados, pagando taxas de juros maiores e aumentando excessivamente as suas dívidas. Transferindo o controle do sistema financeiro mundial aos países ricos e aos próprios bancos internacionais, o FMI deixou de lado as suas atribuições de promover e garantir o equilíbrio nas balanças de pagamento. Passou a dedicar-se cada vez mais à administração do "sistema de crédito do globo", para garantir "a circulação do dinheiro no sistema capitalista mundial" em favor das nações altamente industrializadas, alheio às manipulações cambiais e às práticas de cartel com que tais nações vêm prejudicando as demais.

Nos primeiros dez anos, aliás, o Fundo manteve praticamente "estáticos" os seus recursos, omitindo-se no caso do desequilíbrio da economia mundial com a enorme e desordenada expansão do mercado de eurodólares, que operava interligado com o Federal Reserve — o Banco Central dos EUA. Os eurodólares eram dólares expatriados, ou seja, mantidos na Europa, de onde eram emprestados para todo o mundo em montante sem precedentes e a juros maiores que no país de origem, isto numa época — entre o fim dos anos 40 e os anos 60 — em que os juros eram controlados.

A mesma omissão se repetiu diante dos petrodólares, quando os treze países da OPEP arruinaram a economia de mais de uma centena de países ao elevar o preço do barril de petróleo de 1,77 dólares, em 1971, para trinta e oito dólares, em 1979, gerando, apenas na dívida externa brasileira, um aumento de 30 bilhões de dólares.

Ao mesmo tempo, perante os banqueiros privados internacionais, que haviam concedido empréstimos excessivos, o FMI aceitou o papel de "cobrador final" das dívidas, com as funções de fiscal financeiro, avalista, auditor e agência de informações nas estratégias de empréstimos aos países do Terceiro Mundo.

FMI — Instrumento de Hegemonia

Diz-se que a história oficial é a versão dos vencedores. Parafraseando esse conceito, pode-se afirmar que uma ordem econômica de pós-guerra faz prevalecer os interesses dos vencedores da guerra. O FMI, na ordem econômica em que é instrumento, demonstra isso.

Entre os vencedores da Segunda Grande Guerra, porém, houve um que foi mais vencedor que os outros — os EUA. E isso porque, lutando em solo alheio, não teve no seu território a destruição que sofreram os outros contendores. Ao contrário, a economia norte-americana, voltada maciçamente para o esforço de guerra, recuperou-se da crise que a corroía desde 1929 e, fortificando-se sobre a reconstrução de países inimigos e aliados, tornou-se mundialmente dominante.

Em tal condição, os EUA mantiveram a supremacia na nova ordem econômica que emergiu da guerra, detendo o poder de veto para as decisões mais importantes do Fundo, instrumento principal dessa ordem econômica.

Garantiram a sua hegemonia na economia capitalista impondo, na constituição do Fundo, como moeda-padrão das transações internacionais, a sua moeda, o dólar. Assim, sem controle nem respaldo de nenhuma classe, sem qualquer crítica ou medida, ainda que meramente formal, por parte do Fundo, ficaram com o privilégio de dispor a seu grado, mediante a simples impressão do papel-moeda, o fluxo monetário mundial.

As economias foram dolarizadas e os EUA inundaram o mundo com a sua moeda, passando a emiti-la em quantidade superior às suas reservas de ouro. Finalmente, em 1971, o presidente Nixon acabou com o padrão ouro-dólar, desvinculando o dólar da sua relação com o ouro. E, desvalorizando o dólar, passou o maior calote de que se tem notícia nos tomadores desta moeda no exterior.

Simultaneamente, foram elevadas as taxas de juros da economia norte-americana, com enorme repercussão na economia dos outros países, onerando sobremaneira a dívida já vultosa das nações em desenvolvimento. Nessa época as taxas de juros da dívida ex-

O que é FMI **25**

terna brasileira se elevaram de 3% para 21% ao ano.

A extinção do padrão ouro-dólar abalou o sistema monetário estabelecido em Bretton Woods. As taxas de câmbio deixaram de ser fixas, passando a flutuar. Com a desvalorização do dólar fortificaram-se outras moedas, como o iene japonês e o marco alemão. A economia mundial entrou em profunda recessão. Agravaram-se os conflitos — já existentes entre os países capitalistas dominantes — decorrentes das práticas protecionistas relativas às importações e exportações e do conseqüente desequilíbrio nas balanças de pagamento.

Um dos trunfos dos EUA para o seu predomínio na economia mundial foi o pequeno capital, cada vez mais insignificante, do Fundo. A pretexto de que seus recursos financeiros eram escassos, eles sempre se opuseram a que o capital do organismo aumentasse. Isso porque, em primeiro lugar, faria sobrar mais espaço para a "ajuda" individual desse país e para os empréstimos privados aos países dependentes. Em segundo, porque um maior concurso de outros países no aumento de capital do Fundo diminuiria o poder que os EUA detêm dentro dele.

Em novembro de 1989 e em fevereiro de 1990, o governo norte-americano rejeitou um aumento superior a 35% das quotas e do capital do FMI, contra as posições da Europa, que apoiava 70% de aumento e do Japão, que queria 100%. Com tal elevação, aliás, o Japão passaria a ser o segundo maior cotista do Fundo. Finalmente, cedendo às pressões dos demais países, os EUA concordaram com o aumento em pauta, mas apenas em 50%. O capital do organismo passou de 120 bilhões de dólares para 180 bilhões, e o fato mostrou uma perda de poder dos EUA na ordem econômica internacional vigente.

Após isso, cinco países — EUA, Inglaterra, Alemanha Ocidental, França e Japão — reservaram-se a maioria dos votos para as restantes decisões significativas do organismo, com o que impõem a sua vontade aos restantes países-membros.

Em 1961, os EUA, a França, a Alemanha Ocidental, a Bélgica e a Suíça (esta não integrante das Nações Unidas) formaram um *pool* do ouro, para estabilizar o preço desse metal, que vinha sofrendo flutuações.

Mais tarde, a esse grupo de países juntaram-se também a Holanda, a Suécia, a Itália, o Japão e o Canadá para constituírem o Clube de Paris, um clube informal conhecido pela parte que tomou na negociação da dívida externa do Terceiro Mundo junto aos bancos europeus.

Em 1969, os mesmos países altamente industrializados lançaram, sem consulta às nações do Terceiro Mundo, os Direitos Especiais de Saque (DES), com uma primeira dotação de apenas 9,5 bilhões de dólares, num momento em que as reservas eram de 104 bilhões de dólares. Os capitais constituídos pelos DES beneficiaram quase só tais países, que são justamente os que se tornaram credores, até desmedidamente, das nações pobres. E desmedidamente não só por empréstimos normais de dinheiro ao mundo subdesenvolvido. Há todo um processo econômico de natureza colonial por trás dos empréstimos externos.

Em primeiro lugar, estão as diferenças nas trocas comerciais, que favorecem os países ricos. Os países pobres lhes fornecem matérias-primas (café, cacau, frutas, cereais etc.) e mão-de-obra baratas (são baixos os salários com que as multinacionais remuneram os trabalhadores) e compram deles produtos manufaturados, tecnologia e serviços caros.

Nessas diferenças comerciais, os países subdesenvolvidos sofrem perdas — as chamadas perdas internacionais — continuadas e crescentes; por outro lado, os países desenvolvidos auferem unilateralmente lucros igualmente continuados e crescentes.

Em outras palavras, os subdesenvolvidos estão empobrecendo, cada vez mais carentes de recursos para enfrentar suas necessidades financeiras, enquanto os países desenvolvidos vão acumulando sobras. E emprestam às nações pobres os próprios capitais que delas tiraram.

Em segundo lugar, os prestamistas aumentam os juros de modo arbitrário, de modo que, uma vez feito o empréstimo, a dívida vai crescendo indefinidamente até tornar-se impagável, como realmente aconteceu nos últimos vinte anos.

Em terceiro lugar, as multinacionais sabidamente praticam, nos países subdesenvolvidos, lucros três vezes maiores, ou mais, que os praticados nos países de origem. Há quem diga que os lucros das multinacionais são tanto maiores quanto mais pobres os países onde operam.

Não satisfeitas com esses lucros obtidos pela via oficial, as multinacionais promovem a fuga de capitais, estimulando os depósitos de dinheiro, por pessoas ou empresas do Terceiro Mundo, em contas clandestinas no exterior — as contas secretas na Suíça, Taiwan, Lichstenstein etc. —, nos chamados "paraísos financeiros" ou "paraísos fiscais".

Um tal domínio dos sócios ricos do FMI apóia-se na união dos países ricos, e/ou dos bancos credores, para cobrar ou renegociar a dívida externa, tendo o próprio Fundo como testa-de-ferro, enquanto que os países devedores negociaram até hoje individualmente.

OS PROGRAMAS DO FMI

Os países que recorrem aos empréstimos *stand by*, ou condicionais, do FMI, apresentam desequilíbrio nas suas balanças de pagamento. Endividados, pois, com dificuldades em saldar seus compromissos com os bancos internacionais.

O FMI, por sua vez, concede os empréstimos solicitados vinculados aos chamados programas de ajuste.

E aí está a questão maior: os programas do Fundo produzem realmente o reequilíbrio das economias nas quais intervêm?

Em primeiro lugar, frise-se que o Fundo dita a sua política econômica de gabinetes de um mundo rico e de cima para baixo, por meio de burocratas distanciados e desconhecedores das realidades locais.

Em segundo lugar, o Fundo impõe unilateralmente a sua política econômica, a partir de uma visão única, e de maneira uniforme, para um mundo de contextos os mais diferenciados, abrangendo países dos quatro cantos do mundo. O Fundo simplesmente ignora que isso implica, via de regra, verdadeira ameaça à estabilidade de governos democráticos nos países em desenvolvimento.

E qual a receita do Fundo para os países endividados?

Invariavelmente: redução dos salários, favorecendo os ganhos do capital; desvalorização da moeda perante o dólar e outras moedas fortes; recessão na economia, desacelerando o desenvolvimento e gerando desemprego; favorecimento do modelo exportador em prejuízo do mercado interno; abertura excessiva do país ao comércio exterior, isto é, às importações e aos investimentos estrangeiros; reforma bancária e desestatização. Medidas estas que beneficiam os setores conservadores, os das elites nacionais, e desnacionalizam a economia em maior ou menor grau.

Todas essas medidas, por exemplo, teriam impedido o desenvolvimento dos próprios EUA no século passado, como advertiu Arthur Schlesinger, historiador e assistente especial do falecido presidente Kennedy, para o qual esse país se coloca no papel "da prostituta que, tendo se aposentado com o dinheiro que ganhou, acha que a virtude pública exige o fechamento da 'zona' ".

Veja-se que os EUA passaram a defender o livre comércio somente no pós-guerra, quando já haviam garantido a proteção tarifária para cerca de 50% dos seus produtos. Para eles agora é cômodo ameaçar o Brasil com retaliações porque protege sua incipiente indústria de informática, ou porque não reconhece as patentes dos produtos farmacêuticos estrangeiros, que aliás já dominam o setor em mais de 90%.

Quanto à recessão que o FMI preconiza nas suas fórmulas, ela garante a manutenção e o aprofundamento da dependência do Terceiro Mundo em relação ao mundo desenvolvido.

A abertura ao comércio internacional e ao investimento estrangeiro é boa, mas entre iguais, isto é, países do mesmo nível de desenvolvimento. Entre estes os negócios costumam ser equilibrados e as regras da ordem econômica razoavelmente respeitadas.

Comumente, isso não ocorre entre países desenvolvidos e subdesenvolvidos. Atestam o desequilíbrio as diferenças nas trocas comerciais, sempre desfavoráveis aos países pobres. E o desrespeito às regras da ordem econômica é flagrante no procedimento das multinacionais no Terceiro Mundo. Há muito se denuncia que elas praticam taxas de lucro e cartéis proibidos nos países de origem, fazem remessas excessivas de lucros ao exterior, descumprem as leis locais, pressionam e mesmo derrubam governos para fazer valer os seus objetivos.

Com a abertura do mercado, o capital internacional reivindica, e cada vez mais fortemente, a privatização das empresas estatais. Justamente as empresas que, no pós-guerra, se multiplicaram e cresceram em defesa do patrimônio nacional. Está claro que as empresas privatizadas serão fatalmente absorvidas pelo capital multinacional, mais forte.

Além disso, é óbvio que os países tecnologicamente mais avançados podem inundar com produtos mais baratos os países em desenvolvimento e levar à quebra, e sucatear, as indústrias desses países, como aconteceu recentemente com a Argentina. Nesse caso, o Terceiro Mundo se reduz a mero mercado para as indústrias dos países ricos, que é o que estes querem, em última instância.

O modelo exportador da política do FMI levou ao desenvolvimento da monocultura para exportação, com resultados nefastos. No Brasil, a monocultura levou à concentração ainda maior da terra, ao abandono da agricultura diversificada e de subsistência, e, enfim, à migração de populações rurais para as periferias das grandes e médias cidades. A agricultura de exportação gerou ainda o uso de agrotóxicos (produzidos e comercializados por multinacionais), que envenenam todo o meio ambiente.

É como se um país imperialista em particular, e os países dominantes em geral, agissem como empresários que buscam o maior lucro possível. Só que, em vez de uma empresa, fundaram uma ordem econômica controlada por organismos internacionais — o principal dos quais é o FMI, que não deveria agir favorecendo apenas uma das partes.

Nessa ordem econômica, sob a égide da chamada economia de mercado, os países ricos, para enriquecer sempre mais e para sustentar o seu alto padrão de vida, drenam intensa e continuamente as riquezas dos países pobres.

Assim, os programas do Fundo acabam produzindo desajuste em vez de ajuste.

O FMI tem sido mencionado como um "pronto-socorro", ou uma "UTI", para os sócios economicamente enfermos. Mas em vez de curar, ele faz piorar, quando não mata o doente. Em vez de restabelecer o equilíbrio econômico de um país, o Fundo aumenta os seus problemas, tanto econômicos quanto sociais.

É normal, por isso, que os programas de ajuste do Fundo tenham encontrado maior viabilidade sob a direção de "tecnocratas econômicos", como nas ditaduras militares que se generalizaram pelo mundo, de modo especial na América Latina do pós-guerra.

A ingerência do Fundo Monetário Internacional nas economias que se submetem aos seus programas é tão forte que, por exemplo, no Peru, em meados da década de 70, chegou a tornar-se durante algum tempo "virtualmente o ministro das finanças", papel que, aliás, exerce indiretamente em muitos outros lugares, em maior ou menor medida, em geral por meio de testas-de-ferro, que são os ministros da economia.

Os programas de ajuste do FMI ficaram famosos sobretudo pelas convulsões político-sociais que geraram, e ainda geram, nos países subdesenvolvidos: Gana, Egito, Peru, Venezuela e Argentina, entre tantos outros. Essas convulsões são conhecidas como os "distúrbios-FMI".

Os programas de austeridade impostos pelo Fundo aos países em desenvolvimento, condicionando os novos empréstimos à redução do déficit público, soam ao cidadão comum como disciplinadores do Estado empreguista e dissipador dos recursos públicos.

O Estado tem sido também isso. Mas na realidade a política do Fundo tem em mira essencialmente a redução dos salários e a desaceleração do desenvolvimento, desde os empréstimos iniciais. Estes sacrificam o crescimento das economias subdesenvolvidas. E os empréstimos posteriores o comprometem ainda mais.

Foi assim no Brasil, onde todas as assistências recebidas do Fundo foram condicionadas à estabilização recessiva: na primeira, com Eugênio Gudin no Ministério da Fazenda, em 1955; na administração de Juscelino Kubitscheck, em 1958, o qual, entretanto, cedendo a pressões internas, rompeu com o Fundo e recorreu aos bancos privados, embora a taxas de juros mais altas; nos governos de Jânio Quadros (em 1961), de João Goulart (em 1963), de Castelo Branco (em 1965) e de Figueiredo (entre 1982-1984, período em que têm início as cartas de intenções — sete ao todo, entre 1983-1985 — exigidas pelo FMI).

Deve-se salientar, sobretudo, que o endividamento do Terceiro Mundo não teria sido possível sem os Estados autoritários burocra-

O que é FMI   39

tizados. Por isso a ordem econômica internacional, à qual o FMI serve, fortificou tais Estados autoritários e precisou deles para sustentar-se no Terceiro Mundo.

"Ajuda" econômica

A pretexto de serem ajudados, os países em desenvolvimento foram na verdade endividados.

Na retórica, os empréstimos do Primeiro para o Terceiro Mundo soam como propostas humanitárias de "assistência" ou "ajuda econômica", de "salvamento das finanças" ou "ajuste estrutural da economia"; tudo num contexto em que se censuram os desvios e se receitam corretivos através de programas de austeridade. Nisso, o discurso do Fundo Monetário Internacional segue o dos países ricos.

Na realidade, os países desenvolvidos se ajudam a si mesmos dentro da ordem econômica em que estão inseridos seus investimentos, e seus mercados, sempre visando à melhoria do seu padrão de vida.

O destino do dinheiro que emprestam é determinado por eles, de tal modo que os países tomadores limitam-se a "desenvolver a sua infra-estrutura industrial e de serviços" com base na tecnologia da nação prestamista e no "direito e nas leis que favoreçam a inversão estrangeira". E dessa forma financiam "a condição de sujeição" aos "comandos econômicos e políticos" de outras nações.

Um tal processo de endividamento dos países subdesenvolvidos é para os países ricos um verdadeiro "ovo de Colombo". Nele se robustece uma ordem econômica na qual uns poucos países se apropriam da poupança dos demais. Os desapropriados a recebem de volta, mas na forma de empréstimos onerosos e insuportáveis.

Pois o que se percebe na ação do FMI, como cobrador dos bancos credores privados, é o empenho de manter a rentabilidade dos mesmos, a qualquer custo, a fim de que o sistema financeiro mundial não quebre.

Nesse sentido, a preocupação do Fundo é manter nos países devedores do Terceiro Mundo a capacidade de pagar os serviços da dívida, gerando superávits com exportações para pagar os juros dos empréstimos. Assim, os países são levados a desenvolver o modelo exportador subsidiado pelo Estado, quer dizer, custeado pelos próprios contribuintes, em prejuízo do mercado interno, vale dizer, com a fome de grande parte da população.

Às vezes, os países ricos suspendem ou suavizam os mecanismos protecionistas, para que as nações devedoras possam aumentar as exportações e melhorar a capacidade de pagar os juros da dívida.

Os programas do Fundo nesse contexto acabam mantendo os países subdesenvolvidos no atraso tecnológico e, pois, fora de uma concorrência igualitária num sistema econômico dominado por uma minoria de países. Isso quando o principal elemento de dominação já não são a mão-de-obra e as matérias-primas baratas, mas a alta tecnologia.

O Brasil, por exemplo, como se tem repetido, perdeu uma década, a de 80, principalmente com a paralisação na corrida tecnológica. O fato ocorre nos países do Terceiro Mundo em geral, o que os distancia ainda mais dos países desenvolvidos.

Nesse quadro, os capitais financeiros internacionais tendem a emigrar para o Leste europeu, onde as multinacionais, após a queda do Muro de Berlim, dispõem de mão-de-obra abundante e barata, mais especializada do que a dos países subdesenvolvidos.

As despreocupações do FMI

É de se perguntar se o FMI realmente se preocupa com os problemas que afligem os países em desenvolvimento e com os custos sociais que penalizam tais países, em decorrência dos programas recessivos a que os submete.

Não parece ser essa a sua posição. Ao contrário. O FMI não tem cumprido o papel que lhe cabe, como membro destacado de um sistema financeiro que floresceu sob a égide da ONU, com origens em Bretton Woods, precisamente gerado para fomentar o bem-estar entre as nações. Dentre dele, o FMI, o BIRD e o GATT não só firmaram acordos entre si, como também com todo o Sistema das Nações Unidas: a própria ONU e as entidades criadas por ela para promover tal bem-estar. Entre essas entidades destacam-se: a Organização Internacional do Trabalho — OIT; o Fundo das Nações Unidas para a Infância — UNICEF; a Organização das Nações Unidas para a Alimentação e a Agricultura — FAO; a Organização Mundial de Saúde — OMS e a Organização das Nações Unidas para a Educação, Ciência e Cultura — UNESCO.

No momento em que começou a ser utilizado como instrumento de hegemonia de um país, entretanto, num primeiro plano, e de um grupo de países, secundariamente, o FMI passou a descumprir os próprios estatutos, assim como os acordos e convênios que estabelecera com seus pares — o GATT e o BM —, com as Nações Unidas e demais entidades citadas.

Porque a influência norte-americana — cujo crescimento se acelerou a partir da Conferência de Bretton Woods — ultrapassou as dimensões ali previstas, os estatutos do Fundo, assim como os acordos e convênios que celebrou no âmbito das Nações Unidas, teriam necessariamente de ser alterados para harmonizar-se com esse crescimento inesperado, ou então ignorados.

Natural e gradativamente, ocorreu a segunda alternativa, que se tornou manifesta quando o Fundo desconheceu a questão dos eurodólares e dos petrodólares. Na ocasião, algumas nações foram arruinadas por outras — sócias ou não do Fundo —, seja pela elevação desmedida dos preços do petróleo, seja por empréstimos excessivos.

O Fundo também permaneceu ausente quando os EUA elevaram unilateralmente os juros para cobrir o seu déficit público, fato que resultou na baixa acentuada da qualidade de vida dos povos nos países devedores.

Posteriormente, o Fundo definiu com mais clareza a sua posição de protetor, não mais de todos os países-sócios, mas daqueles onde estão sediados os bancos credores. E independentemente de o comportamento destes ser ou não legal em relação às Constituições e ao direito ordinário nas nações devedoras.

Como organismo regrador da ordem econômica internacional, o FMI deveria preocupar-se prioritariamente em condicionar o recebimento dos serviços da dívida, pelos bancos credores, à correção dos mecanismos fraudulentos que geraram grande parte dela, a mantêm e a fazem crescer. Sobretudo os mecanismos pelos quais os empréstimos foram contratados sem consulta ao Congresso Nacional do país tomador e infringindo princípios consagrados do Direito Internacional Público e Privado, como os da soberania e autodeterminação dos povos, da bilateralidade e da publicidade, que regem quaisquer negócios, mais ainda negócios do porte da dívida externa do Terceiro Mundo.

Entre os mecanismos em questão devem ser incluídas as contas clandestinas acolhidas, e inclusive promovidas, por bancos credores ou bancos que integram o mesmo sistema financeiro. Tais contas clandestinas permitem a recaptura, pelos bancos credores, dos capitais emprestados. A essa recaptura se dá o nome de fuga de capitais.

E os povos onerados por uma dívida reconhecidamente ilegítima e impagável deveriam minimamente receber do Fundo o apoio para a sua reivindicação por uma auditoria das operações do endividamento. Mais ainda depois que, no caso do Brasil, o Congresso Nacional registrou, no seu Relatório sobre o exame ainda parcial do processo de nosso endividamento externo, em 1989, que não éramos mais devedores de 113 bilhões de dólares, que já tínhamos pago além dessa soma e que, conseqüentemente, éramos credores.

Quanto aos convênios celebrados com as entidades da ONU criadas para promoverem o progresso equilibrado dos povos, a despreocupação do Fundo é notória. Ao reduzir o poder aquisitivo dos salários e os investimentos sociais e aumentar o desemprego nos países em desenvolvimento, pela imposição de políticas econômicas recessivas, colide com a OIT, que tem competência em matéria de empregos e de salários.

De igual forma, ao atingir a remuneração e o emprego dos adultos, afeta as condições de vida da infância na pessoa dos seus filhos, opondo-se aos objetivos da UNICEF. Esta, com efeito, ao mesmo tempo em que vem cobrando dos países subdesenvolvidos uma nova política para a infância e a juventude, também vem reclamando com crescente intensidade da política econômica do FMI para tais países. Tanto que, num dos seus pronunciamentos, em 1984, o presidente da entidade, referindo-se à mortalidade infantil no Terceiro Mundo, em conseqüência da fome, denunciou que "as crianças estão pagando a dívida com a sua própria vida".

Os programas recessivos do Fundo chocam-se igualmente com os objetivos da FAO. Voltados para as monoculturas de exportação com o objetivo de pagar empréstimos externos, sacrificam a agricultura de subsistência, fazendo com que a dívida seja paga com "a fome do povo", como já enfatizava, no caso do Brasil, o falecido Presidente Tancredo Neves.

As exportações das nações subdesenvolvidas para os países ricos são aparentemente compensadas, no sentido inverso, com as importações. Mas estas não suprem o necessário, o que falta às populações carentes. O que compramos dos países ricos é, de modo geral, constituído do supérfluo e do sofisticado.

Esse fluxo-refluxo das exportações-importações caracteriza o sistema econômico do Fundo Monetário Internacional, que favorece o setor abastado da sociedade, excluindo dos seus benefícios as camadas sociais majoritárias.

Um tal sistema, somado aos programas recessivos do Fundo, também afeta as metas da OMS e da UNESCO, ou seja, a saúde e a educação das populações marginalizadas nos países subdesenvolvidos. Só no caso do Brasil — o maior devedor do Terceiro Mundo submetido ao FMI —, essas metas, na prática, são completamente descuradas.

Por fim, o modelo econômico imposto pelo Fundo em função do pagamento da dívida externa, forçando o aumento das exportações, sempre crescente em razão do aviltamento progressivo dos preços das matérias-primas dos países pobres, produz efeitos devastadores sobre o meio ambiente e as populações locais.

De modo geral, pode-se dizer que a despreocupação do Fundo em relação aos custos sociais (a miséria, a fome, a doença, o analfabetismo, a mortalidade infantil e a redução do índice de vida dos adultos e, conseqüente a tudo isso, a violência) da sua política para o Terceiro Mundo e quanto aos objetivos das entidades da ONU, voltadas para o desenvolvimento dos povos, é simétrica ao zelo com que protege os ativos do sistema financeiro internacional, garantindo o fluxo de capitais dos países pobres para os países ricos.

A registrar, entretanto, um tratamento inédito em relação ao Peru. Restabelecendo em 1989 as suas relações com o FMI, suspensas quatro anos antes — quando Alan Garcia decidira limitar os pagamentos da dívida a 10% das exportações —, esse país obteve do Fundo "um acordo inovador", incluindo a preocupação com custos sociais e políticos, sem esquecer o crescimento econômico, a redução do desemprego e o aumento da renda da população.

O FMI E O BANCO MUNDIAL

Com funções diferentes, embora, os três organismos que sustentam a ordem econômica do pós-guerra agem em conjunto: o GATT regulando ou omitindo-se de regular o comércio (manufaturados, produtos agrícolas, propriedade intelectual, tarifas, serviços etc.); o FMI controlando ou deixando de controlar as finanças internacionais, com vistas a seu equilíbrio; e o Banco Mundial financiando ou deixando de financiar o desenvolvimento dos países subdesenvolvidos.

O tema central deste livro é o FMI, principal dentre os organismos mencionados, porque lhe cabe impor condições econômicas aos países que lhe pedem empréstimos. Todavia, considerando mais especificamente o setor financeiro da ordem econômica internacional forjada em Bretton Woods, o Fundo e o Banco são parceiros: nasceram juntos e se mantiveram indissociáveis, de sorte que realizam a sua Assembléia Anual conjuntamente. Além disso, para obter empréstimo do Banco, um país tem de ingressar antes no Fundo.

Em termos de hegemonia dentro da ordem econômica, os EUA preservam no Banco Mundial praticamente o mesmo domínio que detêm no FMI. Com efeito, o Banco é considerado pelos especialistas "um prolongamento do poder empresarial americano".

Quanto à divisão das funções, o Fundo dedica-se aos empréstimos de curto prazo, concedidos com vistas a ajustes econômicos, enquanto que o Banco concede financiamentos de longo prazo e voltados para projetos específicos, fornecendo não só dinheiro, mas também assessoramento e assistência técnica.

O Banco desempenha ainda o papel de "árbitro mundial de crédito", e de coletor de informações sobre a situação econômica e sócio-política dos países tomadores.

Considerado individualmente, o Banco projeta de si mesmo uma imagem humanitária moldada principalmente pela retórica dos programas e relatórios solenes que divulga através da imprensa.

Em tais relatórios, o Banco trata do subdesenvolvimento e da miséria do mundo. Com base em amplas estatísticas, divulga matérias sobre a subnutrição, a doença, o analfabetismo, a degradação do meio ambiente etc., existentes na ordem econômica a que pertence.

No relatório de 1989, distribuído na Assembléia conjunta com o Fundo, adverte sobre a má situação da economia na América Latina, atribuindo-a não à transferência das rendas operada pela dívida externa, mas à "má administração dos recursos nacionais por governos populistas e corrompidos". Ao mesmo tempo, elogia o êxito dos países ricos, para onde vão os lucros de tal dívida.

O Banco Mundial, de uma forma ou de outra, sempre se faz presente na imprensa dos países subdesenvolvidos. Como em 1989, quando censurou o "insuficiente, ineficiente e injusto sistema de impostos no Brasil" e mandou "pobres reduzirem gastos militares" que montavam a "US$ 200 bilhões anuais", e até então financiados pelo sistema econômico servido pelo Banco e FMI.

Na retórica do Banco, entretanto, não se registra o fato de que grande parte dos empréstimos externos não passou pelo processo produtivo, isto é, não foi investida em obras, na compra de equipamentos ou em outra aplicação socialmente útil; e mesmo sequer ingressou no país tomador. Ou o fato de que, na relação do que financiou, existem obras inacabadas, tais como, no caso do Brasil, a Ferrovia do Aço e a usina nuclear de Angra dos Reis; ou utilizadas só parcialmente; e também equipamentos não utilizados, embora adquiridos há anos.

Muitas das obras financiadas pelo Banco Mundial chamam a atenção pelo seu gigantismo, que favorece as negociatas. Quanto maior a obra, pode-se dizer, maiores as comissões, maiores o sub e o superfaturamento.

No relatório da primeira fase dos trabalhos de auditoria sobre a dívida externa da Comissão Mista de Endividamento Externo do Congresso brasileiro, determinada pela Constituição de 1988, o deputado federal Luiz Salomão arrolou alguns casos apurados: fraudes na compra de equipamentos hospitalares e dos destinados às usinas hidrelétricas de Xingó e Anhandava, compras estas condicionadas à concessão de empréstimo.

Caso exemplar, indicativo da filosofia do Banco Mundial na assistência financeira aos países subdesenvolvidos, é o Trensurb — trem metropolitano da Grande Porto Alegre, no Brasil, cujo financiamento foi vinculado à aquisição de um trem japonês, preterindo-se similar nacional. O fato mostra que a transação atendeu à aplicação de capital, venda de equipamento, de tecnologia e de assistência técnica, não ao interesse do país. Posteriormente, num dos seus relatórios, o Banco elogiou a prosperidade do Japão, em contraste com a pobreza brasileira.

Dentro da estratégia global dos organismos da ordem mundial, os países subdesenvolvidos sofrem, com a omissão do GATT, perdas internacionais e ficam sem dinheiro; o Fundo e o Banco, por sua vez, emprestam dinheiro, mas de modo paternalista, manietando a criatividade tecnológica. Livram, assim, os países ricos da ameaça do desenvolvimento concorrente do Terceiro Mundo.

Dentro dessa linha de pensamento e de exemplo, o Banco Mundial defende uma reforma financeira de privatização desnacionalizadora, onde os seus interesses não são os do Brasil, como foi dito a propósito da reforma do sistema financeiro que estava sendo cogitada em 1989 pelo governo federal e que adotava a fórmula sugerida pelo Banco Mundial, em detrimento da alvitrada pela Constituição de 1988.

Essa reforma, em última análise, aprofunda aquela que, em 1964, modificou o sistema financeiro brasileiro substituindo, como regulador das operações bancárias no País, o Banco do Brasil pelo Banco Central — Bacen, para cuja presidência, aliás, haviam sido nomeados até aqui unicamente administradores oriundos de bancos privados.

Tal reforma centralizou o poder financeiro em grandes bancos, eliminando bancos regionais; estimulou ao máximo as atividades financeiras especulativas; e fez de todo o sistema financeiro um repassador de empréstimos externos, onde o Banco Central "teve o auxílio do Fundo Monetário Internacional" na "estratégia sinistra" do crescimento camuflado da dívida externa e na sua estatização, e bem assim na internacionalização da dívida interna.

A reforma preconizada pelo Banco Mundial inclui ainda, entre outros itens:

- a criação de um seguro para os depósitos captados pelos bancos múltiplos, com vistas a atrair os bancos internacionais;
- a participação da agência governamental norte-americana International Financial Corporation no processo de enfraquecimento, liqüidação, privatização e reestruturação dos bancos oficiais;
- a supressão da obrigatoriedade dos empréstimos facilitados às pequenas e médias empresas, e à agricultura;

- a majoração das comissões nos serviços bancários, em geral, e dos juros para os financiamentos agrícolas, em particular;
- a remuneração dos depósitos à vista, a qual evita o recolhimento do imposto compulsório respectivo ao Banco Central, devido sobre os depósitos não remunerados.

Com a reforma proposta pelo BIRD, e para a qual este reservou um financiamento de 500 milhões de dólares, mais de 700 pequenos municípios ou localidades brasileiras ficariam sem nenhum serviço bancário. Depois haveria uma terrível concentração de bancos apenas na região Sudeste e nos pontos ricos do País. Setenta por cento das lavouras, oitenta por cento dos que recebem créditos agrícolas, em particular os pequenos, seriam marginalizados. As micro e as médias empresas perderiam seu principal suporte para crédito.

Já em 1964, ao contrário dos Estados Unidos, onde existem 4 000 bancos regionais, a reforma bancária foi centralizadora e concentradora. Resultou na incorporação dos pequenos pelos grandes bancos do centro do País, restringindo os financiamentos aos pequenos agricultores e às pequenas empresas. E teve muito a ver com o empobrecimento dos minifúndios, o fortalecimento dos latifúndios e o tratamento privilegiado das monoculturas; com o debilitamento de Estados e Municípios e da população em geral; enfim, com a migração crescente do homem do campo para as cidades.

O FMI E O BANCO MUNDIAL NO BANCO DOS RÉUS

A Associação Americana de Juristas — AAJ, por seu presidente, o argentino Beinusz Szmukler, denunciou, em 26 de setembro de 1988, perante o Tribunal Permanente dos Povos, o FMI e o Banco Mundial por sua atuação no processo de endividamento externo do Terceiro Mundo. A acusação foi apresentada em Berlim, onde o Tribunal se reuniu quando os organismos denunciados lá estavam, também reunidos, discutindo a dívida externa dos países em desenvolvimento.

A AAJ é uma entidade não governamental, fundada na década de 70, para, entre outros objetivos, lutar pela autodeterminação dos povos, sua independência econômica, e soberania dos Estados sobre suas riquezas e recursos naturais. Tem atualmente presidência na Argentina, secretarias nos EUA, Cuba e Nicarágua e secções em quase todos os países do continente americano.

A AAJ está preparando a sua IX Conferência Internacional, a ser realizada no Brasil em meados de 1991, tendo como tema as bases para uma Nova Ordem Internacional.

O Tribunal Permanente dos Povos continua a ação do Tribunal Bertrand Russell, de notória idoneidade.

Sendo um Tribunal opinativo, se atribui a missão de "promover o respeito universal e efetivo dos direitos fundamentais dos povos" e determinar "se tais direitos são ou não violados", denunciando "à opinião pública mundial os autores" das violações.

No caso, foi posta em julgamento a atuação do Fundo e do Banco na dívida externa do Terceiro Mundo, assumindo o Tribunal a função "de avaliar quais as regras equilibradas para o relacionamento entre credores e devedores".

O Tribunal em questão tem defendido os povos dos países endividados, assim como "os grupos sociais mais despossuídos" não só nesses países, como também nos países industrializados.

A AAJ formulou a sua denúncia com base nas Conclusões do Primeiro Congresso Latino-Americano sobre Aspectos Jurídicos da Dívida Externa, que realizou em Lima, Peru, em março de 1986, conjuntamente com a Associação Internacional de Juristas Democratas, sob os auspícios da Universidade Nacional de São Marcos, da Municipalidade de Lima e da Federação do Colégio dos Advogados desse País.

Esse Congresso concluiu pela ilegitimidade, ilegalidade e absoluta nulidade de quase toda a dívida externa do Terceiro Mundo, bem como pela sua imoralidade e ilicitude, porque contratada e renegociada por governos usurpadores do mandato popular e/ou por prepostos ilegítimos para tal tarefa; e, ainda, sem consulta ao Congresso Nacional dos países tomadores, ferindo as suas constituições e os direitos legislados nacionais, e os próprios princípios jurídicos vigentes no Ocidente, tanto de Direito Público quanto de Direito Privado, e mesmo de Direito Internacional.

Com relação ao Fundo e ao Banco especificamente, denunciou os desvios desses organismos dos seus propósitos, expressos nos seus Acordos Constitutivos.

Segundo enfatiza a denúncia, tais propósitos não podem senão assegurar, "apoiar e servir o desenvolvimento e o crescimento das nações, para o bem-estar de seus povos", de modo a "fazer realidade o proclamado no art. 28 da Declaração Universal dos Direitos do Homem: toda pessoa tem direito a que se estabeleça uma ordem social internacional em que os direitos e liberdades proclamados na Declaração se tenham plenamente efetivado".

Em que pesem as obrigações que decorrem de seu caráter de organismos especializados da ONU, o Fundo e o Banco incorrem, com sua atuação na ordem econômica internacional, na violação dos postulados do Preâmbulo da Carta da ONU; dos propósitos para os quais a Carta foi criada; assim como dos princípios estabelecidos para reger a ação da ONU e dos seus Estados-membros; além das disposições que visam a concretizá-los, e dos Pactos, Resoluções e Declarações aprovadas por essa Organização no mesmo sentido.

Os postulados do Preâmbulo da Carta da ONU são claros: "promover o progresso econômico e social de todos os povos" e elevar o seu "nível de vida dentro de um conceito mais amplo de liberdade", empregando os mecanismos internacionais adequados. Reafirmam "a fé nos direitos fundamentais do homem, na dignidade e no valor da pessoa humana, na legalidade dos direitos dos homens e mulheres e das nações grandes e pequenas", e propugnam "condições sob as quais possam manter-se a justiça e o respeito para com as obrigações emanadas dos tratados e de outras fontes de Direito Internacional.

Os propósitos contidos no artigo 1º da mesma Carta são os de: "fomentar entre as nações relações amistosas, baseadas no respeito ao princípio da igualdade de direitos e da livre determinação dos povos..."; "realizar a cooperação internacional na solução dos problemas internacionais de caráter econômico, social, cultural ou humanitário..."; servir, enfim, "de centro que harmonize os esforços das nações para alcançar estes propósitos comuns".

Os princípios estabelecidos no artigo 2º da Carta da ONU são os da igualdade soberana de todos os Estados e da obrigação para todos os membros da ONU de cumprir "de boa-fé as obrigações contraídas por eles".

Além disso o Fundo e o Banco são denunciados por violarem, notadamente:

a) a obrigação de a ONU promover (art. 55 da Carta) a elevação dos níveis de vida, trabalho permanente para todos e condições de progresso e desenvolvimento econômico e social, assim como a solução dos problemas internacionais de natureza econômica, social e afins;

b) a obrigação, de todos os seus membros, de "tomar medidas, conjunta ou separadamente, em cooperação, para a realização dos propósitos consignados no artigo 55" (art. 56);

c) as estipulações dos artigos 22 e 26 da Declaração Universal dos Direitos do Homem, que outorgam a toda pessoa, como membro da sociedade, "direito à seguridade social, e a obter, mediante o esforço nacional, e a cooperação internacional, levando em conta a organização e os recursos de cada Estado, a satisfação dos direitos econômicos, sociais e culturais indispensáveis à sua dignidade e ao livre desenvolvimento de sua personalidade", *"direito ao trabalho, à proteção contra o desemprego, a uma remuneração eqüitativa e satisfatória, a férias periódicas pagas, a um nível de vida adequado que lhe assegure, assim como à sua família, a saúde, o bem-estar e em especial a alimentação, o vestuário, a moradia, a assistência médica e os serviços sociais necessários; também direito aos seguros em caso de desemprego, enfermidade, invalidez, viuvez, velhice e outros casos de perda de seus meios de subsistência por circunstâncias independentes de sua vontade; à educação gratuita, e acesso aos estudos superiores, igual para todos, em função dos méritos. E o direito a cuidados e assistência especiais de maternidade e de infância".*

Quanto aos Pactos, Resoluções e Declarações, o Fundo e o Banco são acusados de violar:

a) o convencionado no Pacto Internacional de Direitos Econômico-Sociais e Culturais, que assegura a todos os povos a livre disposição de suas riquezas e recursos naturais, e a garantia de que "em nenhum caso poderá privar-se um povo de seus próprios meios de subsistência", além de estabelecer a proteção "às crianças e adolescentes contra a exploração econômica e social", "o direito de toda pessoa... a uma melhora contínua das condições de existência", "a estar protegida contra a fome" e "ao desfrute do mais alto nível possível de saúde física e mental". Para "assegurar a plena efetividade" destes direitos obriga os Estados a adotar, entre outras, medidas para "redução da mortalidade no nascimento e da mortalidade infantil e o faz para o desenvolvimento das crianças" (arts. 1º, 10º, 11 e 12).

b) a resolução 1514 (XV), enquanto declara que "a sujeição dos povos a uma subjugação, dominação e exploração estrangeiras constitui uma denegação dos direitos fundamentais, é contrária à Carta das Nações Unidas e compromete a causa da paz e da cooperação mundiais".

A Denúncia inclui a violação pelo Fundo e pelo Banco:

a) dos seus próprios Estatutos, como se vê confrontando-se "o texto exposto nos respectivos acordos e os resultados das políticas efetivamente adotadas pelas duas instituições";

b) "dos princípios de igualdade soberana dos Estados, de autodeterminação dos povos, e de não-ingerência de um Estado nos assuntos internos do outro".

Na sua exposição, a Denúncia da AAJ mostra que as violações do Fundo e do Banco estão espelhadas nos resultados de suas políticas econômicas, contrariando os objetivos por eles proclamados, os quais impunham uma ação benéfica sobre:

- A cooperação monetária e a estabilidade cambiária;
- O comércio internacional;
- Os novos tipos de crédito;
- As balanças de pagamento;
- A qualidade de vida;
- A dívida externa dos países em via de desenvolvimento;
- Os planos de ajuste.

O Tribunal Permanente dos Povos rejeita, no seu relatório, a afirmação do Banco Mundial de que os governos nacionais são os responsáveis pela crise, responsabilizando também o Banco e o Fundo pelo excessivo endividamento do Terceiro Mundo, por eles mesmos estimulado.

E enfatiza que é inadequado vincular o desenvolvimento aos "interesses relativos a empréstimos bancários", em face do que os países subdesenvolvidos são forçados "a abrir sua economia ao mercado mundial" dominado por bancos internacionais e outras empresas multinacionais privadas, proporcionando a estes "oportunidades para auferir lucros", o que solapa de modo crescente as bases dos planejamentos econômicos dos governos do Terceiro Mundo.

O Tribunal constata a deterioração desesperadora e dramática das condições humanas na maior parte do globo, vivendo em estado de absoluta pobreza cerca de 350 milhões na África e 80 milhões na América Latina, num contexto injusto em que os pobres contribuem para financiar o déficit dos ricos.

O Tribunal também verifica que o FMI, "em vez de agir em proveito dos povos do mundo", vem operando no interesse de instituições privadas de empréstimos e na proteção da "economia dos países industrializados", enquanto ficam "fora do controle dos países em desenvolvimento 'os choques externos'", determinados, por exemplo, pela elevação dos "preços do petróleo, cláusulas de comércio, protecionismos nos países industrializados, majorações" exageradas nas taxas de juros etc.

Declara também que o Fundo e o Banco malograram na política impossível de levar os países pobres a se ajustarem ao mercado mundial, e que estes terminam num "desenvolvimento do subdesenvolvimento". E acentua que esses organismos se apresentam, sob a máscara de instituições puramente técnicas, como "imunes à investigação do Direito Internacional", enquanto "mais e mais eles efetuam escolhas políticas", que resultam num "completo fracasso", com "a degradação dos fatores socioculturais (nomeadamente saúde, educação e outros serviços públicos)" e "os desastres ecológicos".

Mais: concentrando os credores (embora cobrindo apenas de 10 a 15% dos empréstimos tomados pelo Terceiro Mundo), o FMI e o Banco Mundial conseguiram estabelecer "um real monopólio no campo do financiamento" nos países em desenvolvimento, deixando-os sem alternativa senão a de submeter-se às condições impostas por tais credores, "sob princípios e procedimentos" que não são outros que os do próprio Fundo e do Banco Mundial. E isso ocorreu justamente quando, "em 1972, se iniciavam esforços para a introdução de uma nova ordem econômica internacional".

O Tribunal chamou a atenção para a "séria acusação" que pesa contra o FMI, pela postura parcial que adotou diante do "imenso endividamento dos Estados Unidos" e da "criação de imensos superávits que são usados para a especulação em vez de desenvolvimento, de um lado, e para o endividamento dos países subdesenvolvidos, pelo outro".

E lembra, com relação à cobrança intransigente da dívida dos países pobres, que muitas situações da dívida entre nações industrializadas foram resolvidas, no passado, pelo abandono de débitos insuportáveis.

O veredicto

O Tribunal Permanente dos Povos, ao final, declara que o Banco Mundial e o FMI:
1. "Estão em ruptura com a Carta das Nações Unidas" e violaram o direito dos Estados à soberania e o dos povos à sua autodeterminação;
2. "Estão em choque com os seus próprios estatutos", pois não promoveram melhores "níveis de emprego e renda real", tampouco "o desenvolvimento dos recursos produtivos de todos os membros";

3. Suas políticas ocasionaram "um aumento de transferência líquida de recursos dos países devedores para os países credores", deteriorando "vida e níveis de vida", e o meio ambiente, e destruindo "áreas onde vivem indígenas", pondo em perigo, com o desastre da dívida "não só o presente, mas também o futuro da maioria das nações".

Propostas para ação

O Tribunal Permanente dos Povos propõe, para solucionar os problemas criados pela dívida externa:
1. Em nível de Comunidade Internacional:
a) Moratória geral;
b) Conferência Internacional, que poderia ser convocada pela Secretaria Geral da ONU, para negociações coletivas com vistas:
- ao cancelamento da dívida;
- à transformação da dívida em fundos regionais de desenvolvimento;

- a "carrear para os países endividados as vantagens resultantes das operações de desenvolvimento".
c) Mudanças nas funções do Banco Mundial e do FMI;
d) Convocação de outra Conferência Internacional de governos, a ser realizada não nos EUA, mas em país do Terceiro Mundo, "num espírito de *sincera associação*" e de "*interdependência* de todas as nações", e ouvindo-se os diferentes setores da sociedade, para:
  - a reforma das instituições financeiras internacionais, a fim de que o FMI assista aos "governos com dificuldades na balança de pagamentos", e de que o Banco Mundial financie o desenvolvimento do povo, satisfazendo primeiro as suas necessidades básicas;
  - a democratização dos votos e decisões, num clima de consenso, sem que um grupo de países venha a dominar os outros;
  - a constituição, pelos Estados-membros, de uma Comissão Consultiva In-

ternacional, para avaliar e monitorar o (novo) FMI e o (novo) Banco Mundial;
- manter um diálogo político Norte-Sul;
- "investigar a ilicitude de políticas de ajustes eventualmente impostas";
- "estabelecer novos critérios para promover o desenvolvimento dos povos com base na cooperação, com cláusulas que eliminem distorções estruturais, de modo que não sejam favorecidas "apenas umas poucas elites poderosas, mas a maioria do povo", condicionando-se os empréstimos estrangeiros à "*conveniência ecológica e social*" dos projetos a serem financiados e criando-se um fundo internacional para a preservação e/ou recuperação do meio ambiente, para o qual os países que consomem mais energia e recursos que os outros contribuiriam com uma quota proporcionalmente maior;
- a valorização social da mulher como agente do desenvolvimento;
- a redução das despesas com armamentos e aplicação dos recursos assim

poupados no pagamento da dívida externa do Terceiro Mundo. Como o montante anual gasto em armas equivale ao montante dessa dívida, a redução de tais gastos bélicos à razão de 20% ao ano eliminaria a dívida em cinco anos.

INDICAÇÕES PARA LEITURA

1. LICHTENSZTEJN, Samuel e BAER, Mônica, *Fundo Monetário Internacional e Banco Mundial — Estratégias e Políticas de Poder Financeiro*, Brasiliense, 1987.
2. BRUM, Argemiro Jacob, *O Brasil no FMI*, Vozes, 1984.
3. BIZ, Osvaldo e GIRARDI, Leopoldo J., Edições Mundo Jovem, 1984.
4. SAMPSOM, Anthony, *Os Credores do Mundo*, Record, 1981.

Caro leitor:
As opiniões expressas neste livro são as do autor, podem não ser as suas. Caso você ache que vale a pena escrever um outro livro sobre o mesmo tema, nós estamos dispostos a estudar sua publicação com o mesmo título como "segunda visão"

Sobre o Autor

Nasceu em Passo Fundo/RS em 22 de fevereiro de 1935.

Em 1965, bacharelou-se e licenciou-se em Filosofia pela FIDENE (Ijuí,RS). Em 1968, bacharelou-se em Direito pela Faculdade de Direito de Santa Maria, RS. Em 1986, pós-graduou-se em Filosofia na PUC, RS.

Advogado militante em Porto Alegre, é membro do Instituto dos Advogados do RS; vice-Presidente da Associação Americana de Juristas — AAJ, Seção RS; membro da Comissão Especial da OAB/RS para acompanhamento do Exame Analítico e Pericial dos Atos e Fatos geradores do Endividamento Externo Brasileiro; representante suplente da OAB/RS no Conselho Estadual da Criança e do Adolescente.

Em 1986, enunciou Reagética, uma reformulação atualizada da Dialética com base na ação e sua reação, analisadas no confronto *homem-estruturas*.

Tem as seguintes obras publicadas: *As Vítimas do Seguro Obrigatório*, em parceria com o Dr. Alceu Collares (Bels, Porto Alegre, 1975); *Insolvência do Seguro* (Bels, Porto Alegre, 1976); *Agética da Repressão, Reagética da Liberdade* (Ícone, São Paulo, 1986); *In Justiça na Lei, no Processo, na Estrutura*, com apresentação do Dr. Gilberto Lucas Coelho (Ícone, São Paulo, 1987).

Coleção Primeiros Passos
Uma Enciclopédia Crítica

ABORTO
AÇÃO CULTURAL
ACUPUNTURA
ADMINISTRAÇÃO
ADOLESCÊNCIA
AGRICULTURA
SUSTENTÁVEL
AIDS
AIDS - 2ª VISÃO
ALCOOLISMO
ALIENAÇÃO
ALQUIMIA
ANARQUISMO
ANGÚSTIA
APARTAÇÃO
ARQUITETURA
ARTE
ASSENTAMENTOS RURAIS
ASSESSORIA DE IMPRENSA
ASTROLOGIA
ASTRONOMIA
ATOR
AUTONOMIA OPERÁRIA
AVENTURA
BARALHO
BELEZA
BENZEÇÃO
BIBLIOTECA
BIOÉTICA
BOLSA DE VALORES
BRINQUEDO
BUDISMO
BUROCRACIA
CAPITAL
CAPITAL INTERNACIONAL
CAPITALISMO
CETICISMO
CIDADANIA
CIDADE
CIÊNCIAS COGNITIVAS
CINEMA
COMPUTADOR
COMUNICAÇÃO
COMUNICAÇÃO
EMPRESARIAL
COMUNICAÇÃO RURAL
COMUNIDADE ECLESIAL
DE BASE
COMUNIDADES
ALTERNATIVAS
CONSTITUINTE
CONTO
CONTRACEPÇÃO
CONTRACULTURA
COOPERATIVISMO
CORPO
CORPOLATRIA
CRIANÇA
CRIME
CULTURA
CULTURA POPULAR
DARWINISMO
DEFESA DO CONSUMIDOR
DEMOCRACIA
DEPRESSÃO
DEPUTADO
DESENHO ANIMADO
DESIGN
DESOBEDIÊNCIA CIVIL
DIALÉTICA
DIPLOMACIA

DIREITO
DIREITO AUTORAL
DIREITOS DA PESSOA
DIREITOS HUMANOS
DOCUMENTAÇÃO
ECOLOGIA
EDITORA
EDUCAÇÃO
EDUCAÇÃO AMBIENTAL
EDUCAÇÃO FÍSICA
EMPREGOS E SALÁRIOS
EMPRESA
ENERGIA NUCLEAR
ENFERMAGEM
ENGENHARIA FLORESTAL
ESCOLHA PROFISSIONAL
ESCRITA FEMININA
ESPERANTO
ESPIRITISMO
ESPIRITISMO 2ª VISÃO
ESPORTE
ESTATÍSTICA
ESTRUTURA SINDICAL
ÉTICA
ETNOCENTRISMO
EXISTENCIALISMO
FAMÍLIA
FANZINE
FEMINISMO
FICÇÃO
FICÇÃO CIENTÍFICA
FILATELIA
FILOSOFIA
FILOSOFIA DA MENTE
FILOSOFIA MEDIEVAL
FÍSICA
FMI
FOLCLORE
FOME
FOTOGRAFIA
FUNCIONÁRIO PÚBLICO
FUTEBOL
GEOGRAFIA
GEOPOLÍTICA
GESTO MUSICAL
GOLPE DE ESTADO
GRAFFITI
GRAFOLOGIA
GREVE
GUERRA
HABEAS CORPUS
HERÓI
HIEROGLIFOS
HIPNOTISMO
HIST. EM QUADRINHOS
HISTÓRIA
HISTÓRIA DA CIÊNCIA
HISTÓRIA DAS
MENTALIDADES
HOMEOPATIA
HOMOSSEXUALIDADE
I DECOLOGIA
IGREJA
IMAGINÁRIO
IMORALIDADE
IMPERIALISMO
INDÚSTRIA CULTURAL
INFLAÇÃO
INFORMÁTICA
INFORMÁTICA 2ª VISÃO
INTELECTUAIS

INTELIGÊNCIA ARTIFICIAL
IOGA
ISLAMISMO
JAZZ
JORNALISMO
JORNALISMO SINDICAL
JUDAÍSMO
JUSTIÇA
LAZER
LEGALIZAÇÃO DAS DROGAS
LEITURA
LESBIANISMO
LIBERDADE
LÍNGUA
LINGÜÍSTICA
LITERATURA INFANTIL
LITERATURA POPULAR
LIVRO-REPORTAGEM
LIXO
LOUCURA
MAGIA
MAIS-VALIA
MARKETING
MARKETING POLÍTICO
MARXISMO
MATERIALISMO DIALÉTICO
MEDICINA ALTERNATIVA
MEDICINA POPULAR
MEDICINA PREVENTIVA
MEIO AMBIENTE
MENOR
MÉTODO PAULO FREIRE
MITO
MORAL
MORTE
MULTINACIONAIS
MUSEU
MÚSICA
MÚSICA BRASILEIRA
MÚSICA SERTANEJA
NATUREZA
NAZISMO
NEGRITUDE
NEUROSE
NORDESTE BRASILEIRO
OCEANOGRAFIA
ONG
OPINIÃO PÚBLICA
ORIENTAÇÃO SEXUAL
PANTANAL
PARLAMENTARISMO
PARLAMENTARISMO
MONÁRQUICO
PARTICIPAÇÃO
PARTICIPAÇÃO POLÍTICA
PEDAGOGIA
PENA DE MORTE
PÊNIS
PERIFERIA URBANA
PESSOAS DEFICIENTES
PODER
PODER LEGISLATIVO
PODER LOCAL
POLÍTICA
POLÍTICA CULTURAL
POLÍTICA EDUCACIONAL
POLÍTICA NUCLEAR
POLÍTICA SOCIAL
POLUIÇÃO QUÍMICA
PORNOGRAFIA
PÓS-MODERNO

POSITIVISMO
PREVENÇÃO DE DROGAS
PROGRAMAÇÃO
PROPAGANDA IDEOLÓGICA
PSICANÁLISE 2ª VISÃO
PSICODRAMA
PSICOLOGIA
PSICOLOGIA COMUNITÁRIA
PSICOLOGIA SOCIAL
PSICOTERAPIA
PSICOTERAPIA DE FAMÍLIA
PSIQUIATRIA ALTERNATIVA
PUNK
QUESTÃO AGRÁRIA
QUESTÃO DA DÍVIDA EXTERNA
QUÍMICA
RACISMO
RÁDIO EM ONDAS CURTAS
RADIOATIVIDADE
REALIDADE
RECESSÃO
RECURSOS HUMANOS
REFORMA AGRÁRIA
RELAÇÕES INTERNACIONAIS
REMÉDIO
RETÓRICA
REVOLUÇÃO
ROBÓTICA
ROCK
ROMANCE POLICIAL
SEGURANÇA DO TRABALHO
SEMIÓTICA
SERVIÇO SOCIAL
SINDICALISMO
SOCIOBIOLOGIA
SOCIOLOGIA
SOCIOLOGIA DO ESPORTE
STRESS
SUBDESENVOLVIMENTO
SUICÍDIO
SUPERSTIÇÃO
TABU
TARÔ
TAYLORISMO
TEATRO NO
TEATRO
TEATRO INFANTIL
TECNOLOGIA
TELENOVELA
TEORIA
TOXICOMANIA
TRABALHO
TRADUÇÃO
TRÂNSITO
TRANSPORTE URBANO
TROTSKISMO
UMBANDA
UNIVERSIDADE
URBANISMO
UTOPIA
VELHICE
VEREADOR
VÍDEO
VIOLÊNCIA
VIOLÊNCIA CONTRA A
MULHER
VIOLÊNCIA URBANA
XADREZ
ZEN
ZOOLOGIA